Yf 9935

# LETTRE

SUR LE PROJET

D'UNE NOUVELLE SALLE

DE COMÉDIE

FRANÇOISE.

M. DCC. LXX.

# EXTRAIT
## DE L'ANNÉE LITTÉRAIRE.

*Projet d'une nouvelle Salle pour la Comédie Françoise.*

Vous gémissez depuis long-temps, Monsieur, avec vos compatriotes éclairés, sur tous les vices d'emplacement & de construction de nos Salles de Spectacle. Celle de la Comédie Françoise, c'est-à-dire, du Théâtre de la Nation par excellence, est choquante sur-tout par les défauts sans nombre de l'intérieur & de l'extérieur : au dedans, des escaliers & des corridors si étroits qu'il n'y peut passer qu'une seule personne à la fois ; des foyers qui ne sont pas si grands que bien des chambres à coucher ordinaires, & dans lesquels, pour peu qu'il y ait de monde, on court risque d'être étouffé ; une scène sans noblesse & sans profondeur ; un orchestre où les Musiciens sont mal à leur aise ; des loges où la moitié des

A

spectateurs, pour voir quelque chose, est obligée de se gêner par une attitude forcée; &c, &c, &c : au dehors, nulle dignité, nulle grandeur; il y a mille Hôtels de Particuliers qui s'annoncent avec plus d'apparence; nuls débouchés, nuls dégagemens, nulles issues; la communication de ce quartier avec les autres de Paris interceptée par l'embarras des voitures ; des dangers imminens d'être écrasés pour ceux qui vont à ce Spectacle & qui en sortent, &c, &c, &c. A tous ces inconvéniens se joint aujourd'hui la vétusté de l'édifice qui tombe en ruine; il faut pour le réparer un temps & un argent considérables. Ces circonstances ont engagé le Ministère à s'occuper sérieusement de la bâtisse d'une nouvelle Salle plus digne de notre siécle, de notre Capitale & de nos chef-d'œuvres dramatiques. On a parlé de plusieurs projets relatifs à cette idée. Je n'en connois qu'un seul dont on m'a fait part, & qui, je crois, mérite l'attention du Gouvernement.

Ce projet a été formé par deux amateurs du Théâtre, (a) animés de ce zèle

―――――――――――――――――――

(a) MM. P...... de M.... Sécretaire du Roi de J......Avocat au Parlement, &

pur qui caractérise les bons Citoyens. Leurs vûes me paroissent d'autant plus heureuses, qu'elles annoncent des avantages réels & sans nombre pour le Public, pour les Acteurs, & des embellissemens si désirés pour un des carrefours les plus fréquentés de la ville. Ils ont communiqué leurs idées à M. *Liégeon* habile Architecte, qui les a remplies avec une intelligence supérieure. L'inspection de ses plans que j'ai sous les yeux, présente la réunion des avantages que les auteurs promettent au Public & aux Comédiens. Les avantages pour les Comédiens sont 1° l'acquisition d'un terrein qui sera, à peu de chose près, une fois plus grand que celui qu'ils occupent aujourd'hui; 2° la construction d'un Hôtel plus vaste, plus magnifique & plus commode; 3° la confection du projet fixée à trois ans, à dater du jour de l'obtention des Lettres-Patentes du Roi & de leur enregistrement; 4° enfin, l'exécu-

---

M. Liégeon ont présenté ce Projet avec le Plan à M. le Comte de St. Florentin, le 14 Décembre 1769, & ce Ministre a paru l'honorer de son suffrage.

A

tion du projet achevée sans être à charge ni à l'Etat ni aux Comédiens, sans qu'ils fassent les moindres avances, les plus petits débourſés, les frais les plus légers.

Le nouvel Hôtel sera situé majestueusement au milieu d'une place circulaire au carrefour de Buſſy, qui sera auſſi grande que celle des Victoires, & que l'on décorera uniformément; on peut juger de l'embelliſſement qui en réſultera pour ce quartier de la ville. L'édifice de la Comédie formera une eſpèce d'Iſle entourée de rues ; ce qui donnera toute l'aiſance poſſible pour la circulation des carroſſes & l'écoulement des gens de pied. On percera de nouvelles rues communiquant à d'autres ; elles faciliteront le paſſage du concours du Public, que ce quartier marchand ou le ſpectacle même attirent dans cette partie de la ville.

Quant à la beauté de la Salle, l'Artiſte auquel on s'eſt adreſſé croit pouvoir ſe flatter de mériter la confiance dont on voudra bien l'honorer pour l'élévation d'un monument dont il connoît à la fois l'importance & les difficultés. Livré par goût depuis plusieurs années à l'étude de l'Architecture, il n'a rien négligé pour perfectionner ses connoissances dans ce genre. Il a fait dans cette vue un long séjour en Italie, où ses travaux lui ont mérité les applaudissemens les plus flatteurs. Il y a même à ce sujet une anecdote bien glorieuse pour cet Artiste. Il se fait tous les trois ans à Rome un concours pour les Prix de Peinture, de Sculpture & d'Architecture. Une Académie célèbre, entretenue par le Pape, propose les sujets de ces Prix. On admet à ce concours les étrangers comme les Romains. On donne huit mois pour remplir le programme dans chaque partie. Ceux qui concourent ont la liberté de travailler chez eux en particulier; mais, pour s'assûrer de la réalité de leurs talens, lorsqu'ils sont au moment d'être couronnés, on leur prescrit un objet moins considérable que celui du prix; ils sont obligés de l'exécuter sous les yeux des Académiciens dans l'espace de deux heures seulement; on compare ce dernier ouvrage, dont on ne peut douter, avec celui qu'on a fait dans les huit mois; & si l'on trouve du rapport dans le style & la manière des deux morceaux, on adjuge la palme. La distribution de ces prix se fait au Capitole avec la plus grande magnificence. Les Cardinaux, les Evêques, toute la Noblesse Romaine, l'Académie des Arcades, & les Ministres étrangers assistent à cette pompeuse cérémonie. Le Pape, assis sur son trône, distribue lui-même les Prix, & la séance finit par des Odes & des Sonnets à la louange des Artistes couronnés. En 1754 on avoit donné pour sujet d'Architecture une Eglise Cathédrale Métropolitaine pour une ville capitale d'un grand Royaume, avec deux palais, l'un Archiépiscopal, l'autre pour loger quarante Bénéficiers. M. *Liégeon*, sans appui, sans protection, excité par son génie seul, conçut le noble desir de prétendre au laurier de son art. Il avoit des concurrens d'autant plus redoutables que les Elèves que le Roi envoie tous les ans à Rome pour s'y perfectionner étoient déja connus avantageusement par leurs essais, & que de plus ils étoient protégés par des personnes puissantes. Malgré tant d'obstacles, M. *Liégeon* fut déclaré vainqueur. Les Académiciens le firent venir & lui demandèrent, pour la seconde & véritable preuve de son talent, une porte de ville d'Ordre Dorique, ornée de colonnes. Il la dessina sous leurs yeux en moins d'une heure, & les frappa tous d'admiration. Il eut la gloire de remporter le premier Prix, & d'avoir pour témoin de son triomphe M. le Duc *de Choiseul*, alors Ambassadeur à Rome, qui honoroit la cérémonie de sa présence. M. *Liégon*, depuis son retour en France, s'est acquis de la réputation par plusieurs monumens publics en Province, entr'autres par des casernes à Moulins, par des châteaux (*b*), des

─────

(*b*) Le Château de *Balincourt*, dans le Vexin François, appartenant à M. le Maréchal de Balincourt.

Le Château *du Vaudois*, à Brie-Comte-Robert, appartenant à M. de Verjuse, Secrétaire du Roi.

On doit à ses soins l'exploitation des Marbres de *Diou* & de *Saint Léon*, près l'Abbaye de Sept-Fonds, en Bourbonnois, & dont de célèbres Artistes ont fait usage depuis, pour décorer la colonne de l'Hôtel de Soissons, & l'Eglise de Notre-Dame. Il reçut à cette occasion en 1762, des mains de M. de Flesselles, lors Intendant de Moulins, des marques éclatantes du service qu'il avoit rendu par cette utile découverte.

hôtels, &c. Il en conſtruit un (c) actuellement rue de Saint Florentin, à côté de M. *le Maître* Tréſorier Général de l'Artillerie. Quoiqu'il n'y ait encore que la moitié d'élevée, il ſuffit de le voir pour prendre l'idée d'un homme ſupérieur dans ſon genre; au génie qui invente, M. *Liégeon* unit le goût qui perfectionne & le talent qui exécute.

Pour revenir au plan de la nouvelle Salle de Comédie, il eſt certain, Monſieur, qu'elle ſeroit très-bien ſi-

---

( *c* ) Ce bâtiment eſt compoſé d'un corps de Logis double, de 138 pieds de face ſur la rue, comprenant deux Hôtels, diſtribués d'un rez-de-chauſſée, Entreſole, premier & ſecond Etages; cette décoration eſt formée de trois diviſions dans ſa hauteur: La premiere eſt un ſoubaſſement qui comprend le rez-de-chauſſée & l'entreſole. Ce ſoubaſſement eſt orné de deux portes formant deux avant corps, décorées chacune de deux colonnes engagées dans le mur, & deux pilaſtres ſoutenant un Balcon en Baluſtres, de 36 pieds de long; les parties faiſant arriere-corps ſont ornées de croiſées, priſes dans des cours de réfends, ce ſoubaſſement en général produit un grand effet, il eſt le plus beau que l'on ait conſtruit juſqu'à préſent dans Paris, étant de pure Architecture ſans aucun ornemens de Sculpture.

tuée dans l'emplacement qu'on a choisi & que je n'en connois point qui puisse offrir autant de commodités, d'issues, de débouchés, &c; les Comédiens, les Spectateurs, & le local même, en retireroient des avantages dont l'énumération seroit infinie.

Tout projet n'est rien sans finance. Les auteurs de celui-ci feroient percer en face de la Comédie actuelle une rue qui aboutiroit à celle de l'Eperon ou cul-de-sac de Rouen que l'on élargiroit; une autre en équerre qui joindroit celle des Cordeliers & correspondroit à une autre donnant dans la rue Saint André-des-Arcs; une autre enfin dans le terrein même de la Salle actuelle de la Comé-

---

Le premier étage est décoré de onze croisées ornées de corniches, chambranles & d'appuis avec balustres; la plinte au-dessus desdites croisées séparant la deuxième d'avec la troisième division, sert aussi d'embase aux croisées du second étage, lesquels sont moins grandes & ont moins de saillie que celles du premier, afin de faire paroître avec plus d'avantage la grande corniche qui termine cet édifice.

Cette corniche est à double modillons: elle produit un grand effet.

Il n'y a jusqu'à présent que les deux tiers

die qui communiqueroit à la rue des Mauvais Garçons que l'on élargiroit de six pieds. Ces percées procureroient un emplacement pour bâtir environ cinquante maisons, Hôtels ou boutiques, indiqués en partie sur le plan par des teintes rouges. Cet emplacement ne contient aujourd'hui que des jeux de boules, de paume, & quelques bicoques dont la valeur est très-médiocre. Le terrein appartient pour la plus grande partie au Roi ; il formoit anciennement le rempart de la ville ; il existe encore une partie du mur, que l'on a tracé sur le plan.

---

de cette face d'élevée, le reste sera commencé au printems prochain.

Ce premier bâtiment est construit en pierres de taille ; il a été élevé dans l'espace de six mois, la décoration de la face, sçavoir, les refends, corniches, croisées, colonnes & pilastres, ont été posés en masse : ils seront réduits, mis en proportions, & ornés de Sculptures, quand on fera le ragrément général, ce qui mettra un accord dans cet édifice dont l'aspect dans l'etat actuel, ne peut produire que des effets durs, qui n'existeront plus quand toutes ces parties seront terminées.

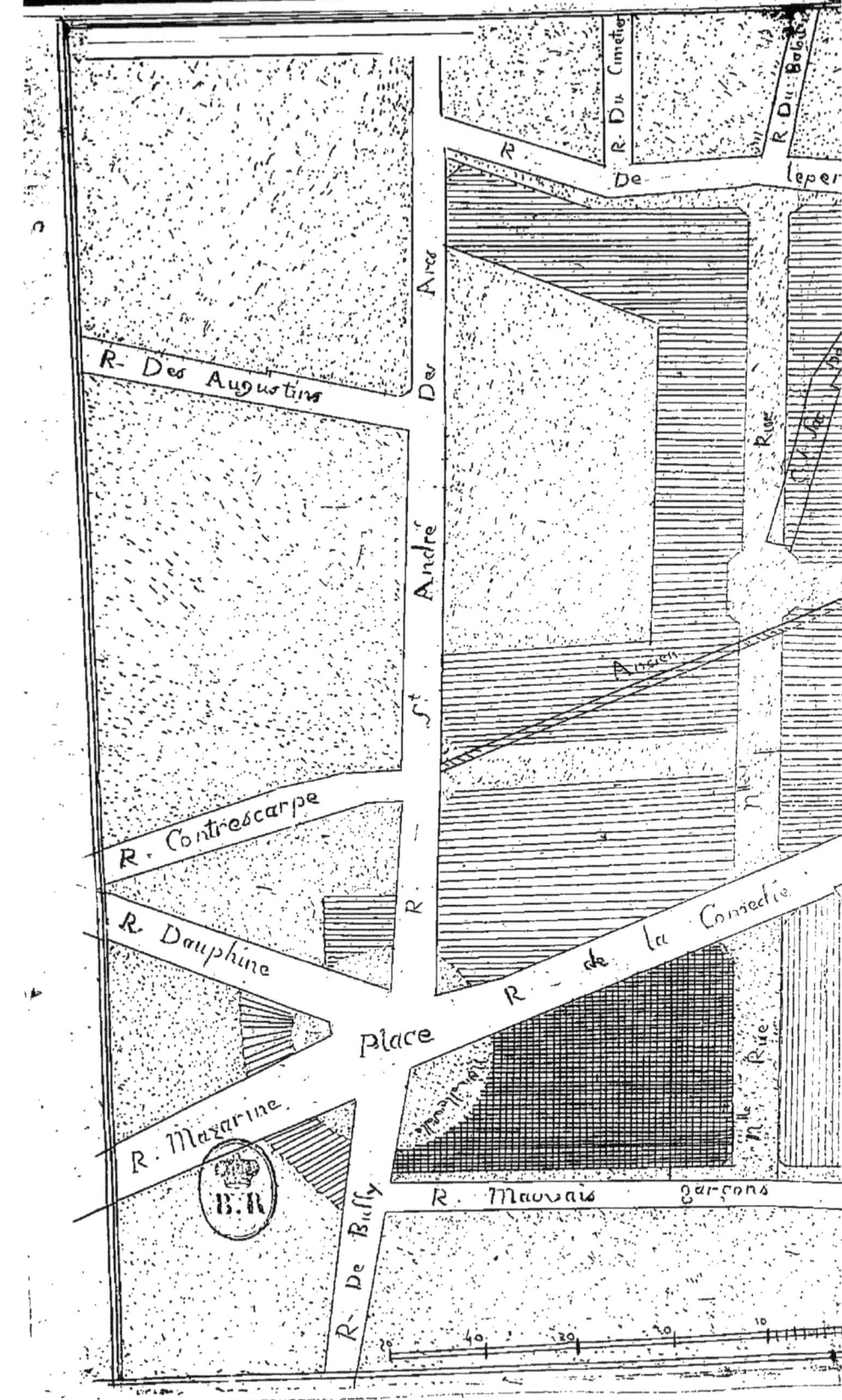

Ce fonds, en non valeur à préfent, en acquerroit une réelle par fa nouvelle fituation, lorfqu'il formeroit les aîles de grandes rues marchandes dans le fauxbourg Saint Germain, à la proximité du Spectacle de la Comédie Françoife; on peut hardiment afsûrer ( & cela paroîtra jufte à tous ceux qui connoiffent les opérations d'architecture) que ce terrein quadrupleroit au moins de fa valeur actuelle, dans un temps furtout où l'on a le goût de bâtir, & où les particuliers croyent ne pouvoir mieux placer leurs fonds qu'en élevant des maifons. Les auteurs du projet fe propofent de conftruire fur cette vafte étendue des maifons, des boutiques & des Hôtels; on peut juger fi les uns & les autres feroient d'une location riche & facile. Au refte, les auteurs afsûrent ( & l'on peut s'en convaincre par foi-même) que fur le très-petit nombre de maifons à jetter à bas, il n'en eft aucune affez intéreffante pour exciter des regrets; la circonftance des terreins vaftes des jeux de boules & autres non bâtis, faciliteroit l'exécution du projet en diminuant le nombre des maisons particulières à sacrifier. Les auteurs desireroient qu'on établît une Commission à la tête de laquelle seroit M. *de Sartine* ; le desir qu'ils ont de voir ce Magistrat intègre autant qu'éclairé, présider à leurs opérations, annonce la pureté de leurs vûes & les ménagemens qu'ils mettroient pour immoler le moins possible l'utilité particulière à l'utilité publique.

Cette spéculation offre incontestablement un moyen évident de finance prélevée sur la seule amélioration de la chose, sans être onéreux ni à l'Etat ni aux Comédiens. Les Auteurs y joindroient d'autres ressources qui viendroient à la suite de ce moyen. Ce projet ne leur offriroit point des gains immenses; mais il leur assûreroit l'estime & la reconnoissance du Public; & cette noble récompense suffiroit pour des personnes que leur fortune & la médiocrité de leur ambition mettent au dessus des espérances flatteuses dont se bercent les faiseurs de projets.

F I N.

www.ingramcontent.com/pod-product-compliance
Lightning Source LLC
Chambersburg PA
CBHW061623040426
42450CB00010B/2644